Irène Cohen-Janca

Marie Curie
EN EL PAÍS DE LA CIENCIA

ilustraciones
Claudia Palmarucci

traducción
María Carolina Concha y Elena Iribarren

ediciones ekaré

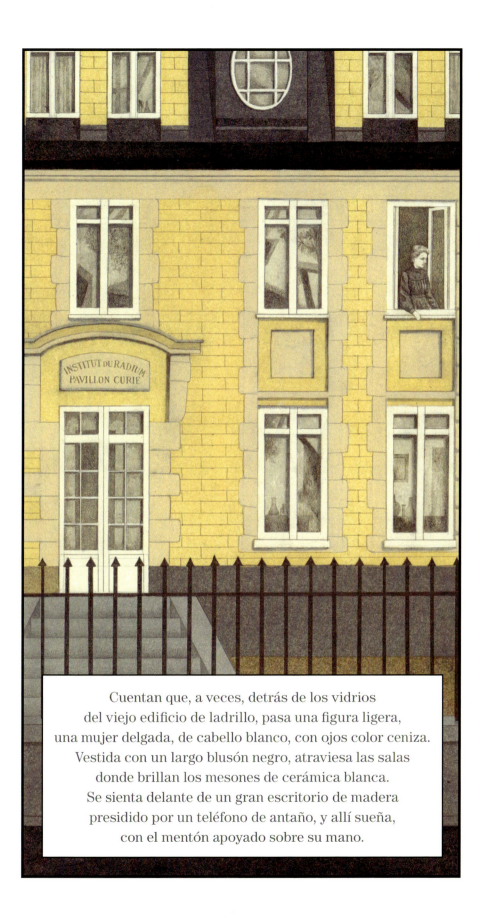

Cuentan que, a veces, detrás de los vidrios
del viejo edificio de ladrillo, pasa una figura ligera,
una mujer delgada, de cabello blanco, con ojos color ceniza.
Vestida con un largo blusón negro, atraviesa las salas
donde brillan los mesones de cerámica blanca.
Se sienta delante de un gran escritorio de madera
presidido por un teléfono de antaño, y allí sueña,
con el mentón apoyado sobre su mano.

Se la ve también caminar lentamente por los senderos del pequeño jardín e inclinarse sobre los rosales que acaricia con sus manos maltratadas.

Pero es delante de un cofre de madera y plomo
donde se detiene por más tiempo. Una sonrisa
se dibuja entonces en su rostro grave.
¿Qué tesoro esconde aquel cofre? ¿Es algo más
precioso que el más puro y raro de los diamantes?
¿Y de quién es esa figura melancólica?

—Mania… Maniusia, almita mía, mi Anciupecio, ven. Son muchas las palabras cariñosas que la madre utiliza para llamar a Maria. En Polonia es costumbre usar diminutivos tiernos, aunque ninguno de los cinco hijos de la familia Skłodowski recibió tantos.

—¡Estás toda colorada y despeinada,
mi pequeña niña!
Mania se sienta sobre un taburete a los pies
de la madre, mientras ella, con sus manos largas
y pálidas, acaricia el desorden de sus rubios rizos.
La señora Skłodowska no abraza a sus hijos porque
padece una enfermedad grave y contagiosa,
la tuberculosis. Pero a pesar de la enfermedad,
la vida de los niños Skłodowski está llena de juegos
y alegría. ¡Jugar, reír y, sobre todo, aprender!

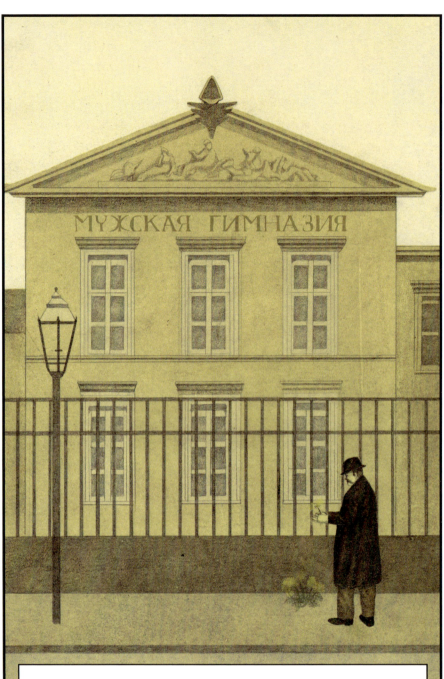

En Varsovia, donde viven, el padre es profesor de física y matemáticas. La madre dirigía un internado de niñas hasta que nació Mania. El padre de los niños Skłodowski, «auténtica enciclopedia viviente», sabe que todo vale para aprender: un paseo por el campo para conocer plantas e insectos, relámpagos y rayos para descubrir la electricidad, una puesta de sol para comprender la rotación de la Tierra.

Los sábados, reunidos en torno al samovar, las cuatro hijas, Zosia, Bronia, Hela, Mania, y Józef, el único hijo, escuchan maravillados a su padre leer los grandes clásicos de la literatura polaca, inglesa y francesa. De esta educación, Mania va a conservar aquello que la guiará a lo largo de su vida: no hay mayor riqueza que el saber, la cultura y el conocimiento.

Cuando el dinero comienza a faltar porque el padre
pierde su empleo, Mania aprende también a ser valiente.
La familia alquila habitaciones y la casa
se transforma en una verdadera colmena.
Mania ya no encuentra ni un solo rincón tranquilo.
A las seis de la mañana, debe abandonar su cama
para abrir espacio al comedor de los huéspedes.

Para economizar, su madre compra
unas herramientas curiosas. En el salón
recorta cuero, tira hilos untados de pez,
maneja el punzón, la cuchilla y el bruñidor
como una auténtica zapatera.
—Mamá, ¿qué haces?
—Unos hermosos botines para ti, Mania, alma mía.

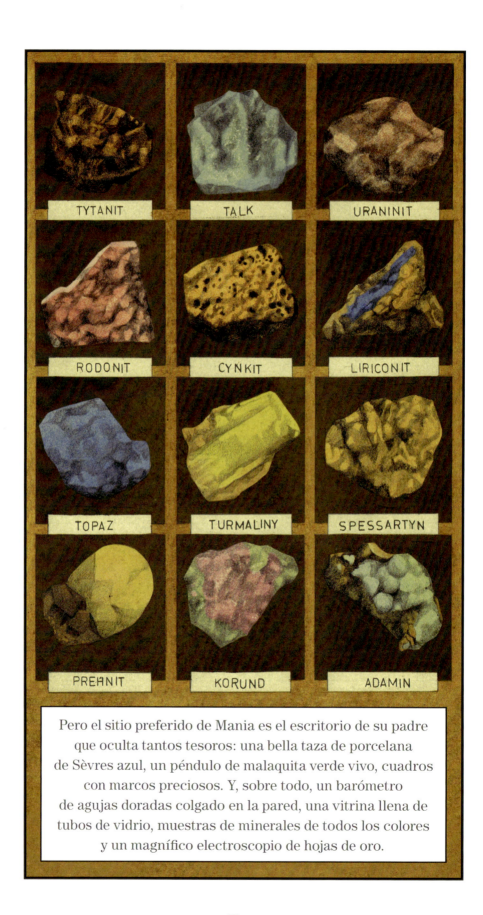

Pero el sitio preferido de Mania es el escritorio de su padre que oculta tantos tesoros: una bella taza de porcelana de Sèvres azul, un péndulo de malaquita verde vivo, cuadros con marcos preciosos. Y, sobre todo, un barómetro de agujas doradas colgado en la pared, una vitrina llena de tubos de vidrio, muestras de minerales de todos los colores y un magnífico electroscopio de hojas de oro.

Todos esos objetos fascinan a Mania.
—Son instrumentos de física —le dice su padre.
Con sus lindos ojos color ceniza, Mania no se cansa
de contemplarlos y repite alegremente:
«Instrumentos de física, instrumentos de física…».

En enero de 1876, la desgracia toca a su puerta. Zosia, la hermana mayor, una joven llena de imaginación que inventaba y contaba historias extraordinarias, muere de tifus. En una capilla de la iglesia de Nowe Miasto, Mania se arrodilla y reza. Vestida con un pequeño abrigo negro, tiene el corazón lleno de tristeza.

Mania termina sus estudios de secundaria con la recompensa más alta: la medalla de oro. Su sed de aprender es inmensa. Quisiera continuar sus estudios, pero en Polonia las niñas no tienen acceso a la enseñanza superior. Además, el país vive bajo el dominio de Rusia, que quiere destruir el alma de Polonia y su cultura. Incluso está prohibido hablar polaco en la escuela y en la universidad.

Algunos profesores deciden entonces crear una universidad secreta, la Universidad Errante. A escondidas en la noche, en apartamentos helados de Varsovia, dictan cursos de historia, literatura, matemáticas y ciencias naturales. Durante dos años, Mania y su hermana Bronia frecuentan estos cursos prohibidos. Además Mania da clases a mujeres trabajadoras, hace lecturas en talleres y crea una pequeña biblioteca.

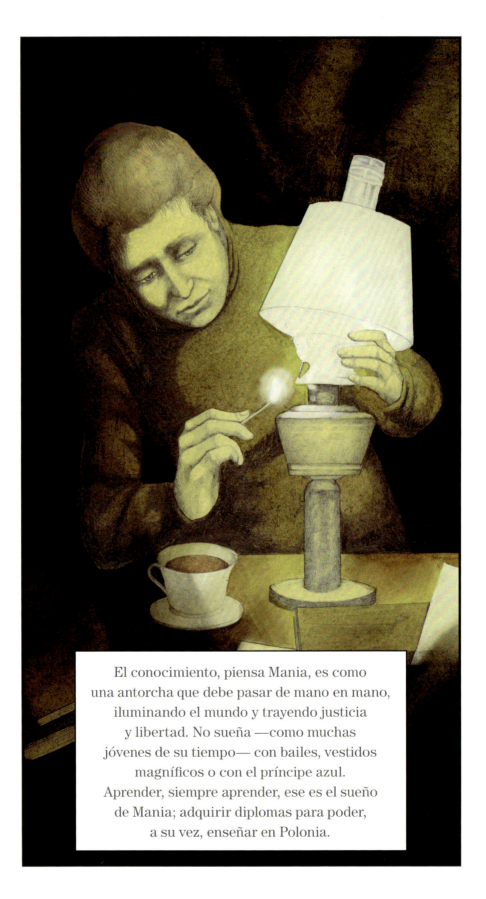

El conocimiento, piensa Mania, es como una antorcha que debe pasar de mano en mano, iluminando el mundo y trayendo justicia y libertad. No sueña —como muchas jóvenes de su tiempo— con bailes, vestidos magníficos o con el príncipe azul. Aprender, siempre aprender, ese es el sueño de Mania; adquirir diplomas para poder, a su vez, enseñar en Polonia.

Pero para obtener un diploma universitario es necesario exilarse, partir y estudiar en universidades extranjeras, y su padre no tiene recursos suficientes.
—Hijos, ¿cómo puedo ayudarlos a continuar sus estudios en el extranjero? Yo que soñaba con darles la mejor educación.
Mania consuela a su querido padre, aunque su mayor deseo es ir a Francia a estudiar en la Sorbona, la célebre universidad donde se enseña biología, matemáticas, sociología, química, física.

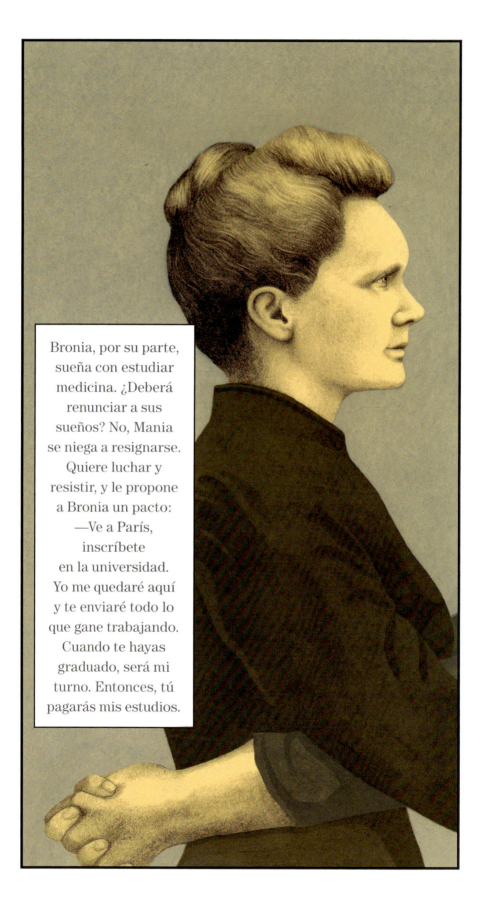

Bronia, por su parte, sueña con estudiar medicina. ¿Deberá renunciar a sus sueños? No, Mania se niega a resignarse. Quiere luchar y resistir, y le propone a Bronia un pacto:
—Ve a París, inscríbete en la universidad. Yo me quedaré aquí y te enviaré todo lo que gane trabajando. Cuando te hayas graduado, será mi turno. Entonces, tú pagarás mis estudios.

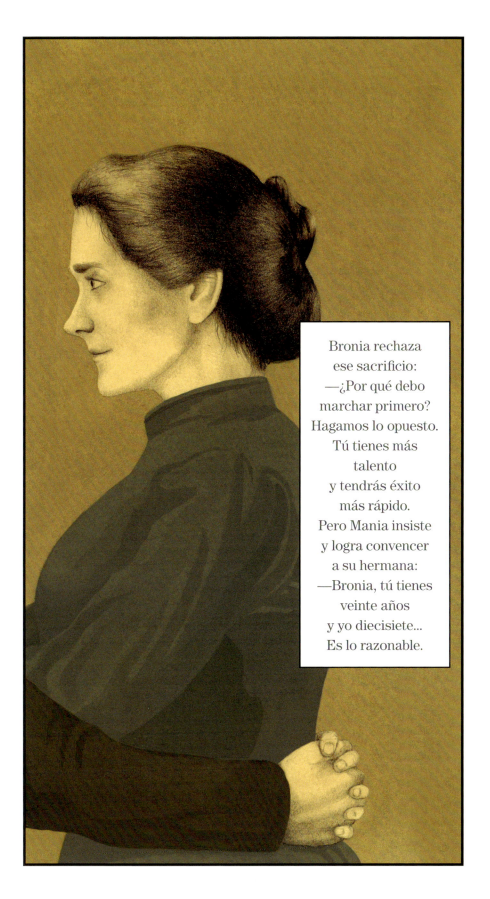

Bronia rechaza
ese sacrificio:
—¿Por qué debo
marchar primero?
Hagamos lo opuesto.
Tú tienes más
talento
y tendrás éxito
más rápido.
Pero Mania insiste
y logra convencer
a su hermana:
—Bronia, tú tienes
veinte años
y yo diecisiete...
Es lo razonable.

A Mania le espera un camino largo y difícil. Comienza por dar lecciones de aritmética, geometría y francés a los hijos de familias ricas de Varsovia. Descubre allí a seres vanidosos y maldicientes que solo se preocupan por el dinero. El 10 de diciembre de 1885, le escribe a su prima Henrietta: *«He adquirido un poco más de conocimiento sobre la especie humana»*. Sus clases son mal pagadas y, a veces, alguien hasta «olvida» pagarle. Para que el plan de Mania pueda funcionar, debe ganar más dinero.

Ella que ama la vida al aire libre, imagina que la espera una bella campiña llena de bosques y praderas. Después de tres horas de tren y cuatro de trineo, por paisajes de nieve sumergidos en el silencio del invierno, descubre al llegar que no son praderas ni bosques, sino campos de remolacha llenos de barro que se extienden hasta el horizonte.

Cerca de la casa corre un río de aguas sucias. Allí se alza una fábrica donde se transforman las remolachas en azúcar y en la que una chimenea escupe humo negro. Pero Mania se acostumbra poco a poco a esta vida de provincia. Cuando acaba sus clases con los dos niños de la familia, se dedica a enseñar a leer y a escribir a los hijos de los campesinos y de los obreros.

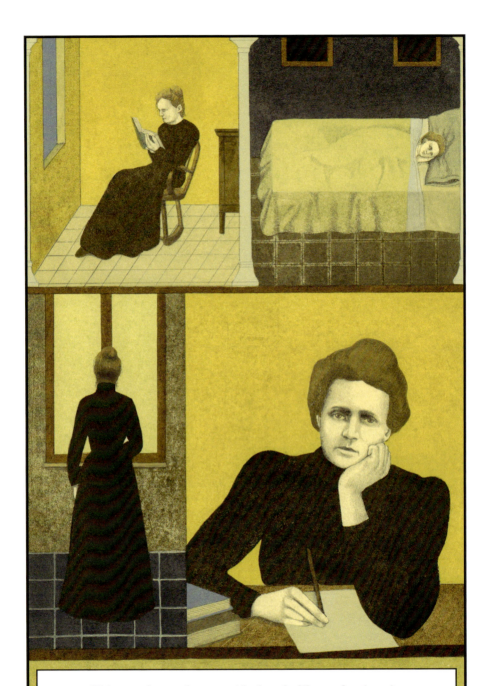

Pide que le envíen cantidades de libros de ciencia
y por las noches continúa sus estudios sola. Aunque
su sed de aprender sigue intacta, la desesperanza,
el desánimo y la amargura a veces se apoderan de ella.
En diciembre de 1886, le escribe a su prima Henrietta:
*«Mis sueños se han esfumado, los he enterrado, encerrado,
sellado y olvidado; ya sabes que los muros son más fuertes
que las cabezas que intentan demolerlos».*

Luego otra pena ensombrece la vida de Mania. Durante su estadía, se enamora de Kazimierz, el hijo mayor de la familia. Kazimierz ama a Mania y Mania ama a Kazimierz. Pero la familia se opone a esa unión:
—No habrá matrimonio con una institutriz pobre —decide la madre de Kazimierz.

Finalmente, en 1889, Mania vuelve a vivir y a trabajar en Varsovia. Han pasado cinco largos y tristes años desde que Bronia se fuera. Un día de marzo de 1890, Mania recibe una carta de su hermana, que ya es médica y está casada: «*Podrás venir a París el próximo año y vivir con nosotros*». Por fin le llega su turno. En el transcurso de su vida, Mania seguirá demoliendo los muros que la separan de sus sueños.

En noviembre de 1891, el Transcontinental deja a Mania, que tiene entonces veinticuatro años, en un andén lleno de humo de la estación del Norte, en París. Apenas se instala en casa de Bronia, corre al Palacio del Saber, al Templo del Conocimiento: la Sorbona.
Se inscribe bajo el nombre de Marie Skłodowska para cursar la licenciatura en ciencias.

—Tomo el sol y lo lanzo —dice
con calma Paul Appell.
Ahora, por fin, ella puede vivir su sueño.
Sentada en la primera fila de un gran anfiteatro,
escucha fascinada al gran profesor de matemáticas
Paul Appell. Con su voz clara, barba blanca
y traje negro, el profesor hace malabarismos
con los números y los principios del universo,
juega con las imágenes, conduce a sus estudiantes
por los maravillosos y vastos parajes de la ciencia.

A pesar de su fervor, Marie se enfrenta
a sus propias lagunas en física, en matemáticas
y también en francés. ¡Hay que trabajar duro!
Para estar más cerca de la Sorbona, deja la casa de Bronia
y se muda al Barrio Latino. Allí vive en buhardillas,
en pequeñas habitaciones sin calefacción ni iluminación.
A veces hace tanto frío que, para calentarse un poco,
amontona sobre su cama toda la ropa de su baúl.

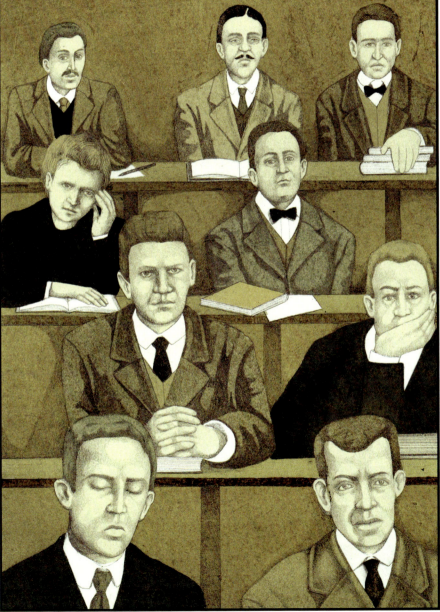

Al despertar, lo que encuentra en su palangana es agua helada. Trabaja sin tregua, duerme y come muy poco. Estudia en la imponente biblioteca de Sainte-Geneviève hasta las diez de la noche. Luego trabaja en su buhardilla, a la luz de su lámpara de petróleo, junto a una estufa apagada, hasta las tres de la madrugada.

Está tan agotada que un día se desmaya. El marido de Bronia, también médico, va a verla y le pregunta:
—¿Qué has comido hoy?
—No lo sé… cerezas y rábanos.
—¿Y ayer?
—Un manojo de rábanos.
—Vendrás conmigo. ¡Necesitas una cura de bistec y de reposo!

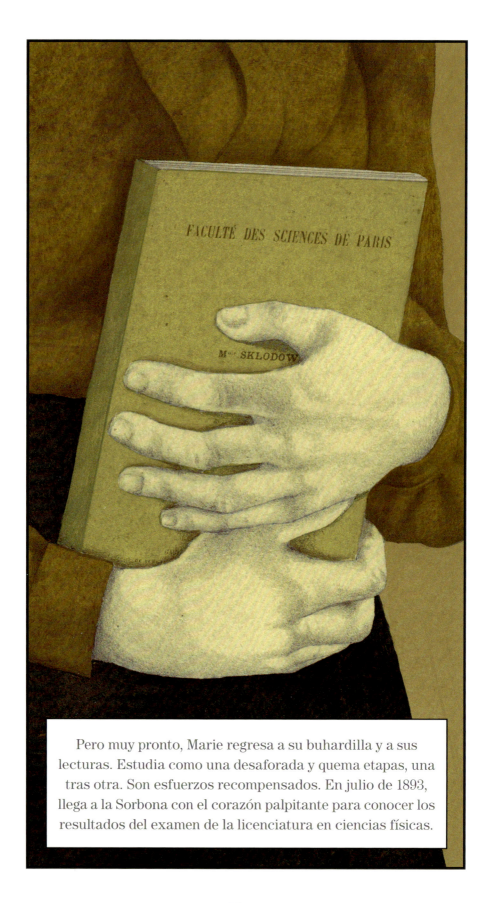

Pero muy pronto, Marie regresa a su buhardilla y a sus lecturas. Estudia como una desaforada y quema etapas, una tras otra. Son esfuerzos recompensados. En julio de 1893, llega a la Sorbona con el corazón palpitante para conocer los resultados del examen de la licenciatura en ciencias físicas.

No obstante, Marie guarda de esos duros años el recuerdo de un «tiempo bendito». Vale la pena escuchar estos versos que escribió en polaco:

Ah, cómo la juventud del estudiante amargamente se va...
...
Y aun en la soledad
ella vive, oscura y dichosa,
porque en su celda recobra el ardor
que hace inmenso el corazón...
Pero este tiempo bendito se borra
y ella debe abandonar el país de la ciencia.

Marie no piensa mucho en el amor ni en el matrimonio después de la decepción que sufrió con Kazimierz. Solo tiene un horizonte y una pasión: la ciencia. Hasta aquel día de primavera de 1894, cuando conoce a Pierre Curie. Él ya es un gran sabio que ha hecho descubrimientos importantes, un hombre habitado por la misma pasión y el mismo ideal que ella.

A él no le interesa el dinero ni los honores, detesta el espíritu de competencia. Con Marie pasa horas discutiendo sobre problemas de física. Pierre le regala a Marie libros de ciencia, en vez de flores o chocolates. Él le cuenta su infancia soñadora y sus largas caminatas por el bosque.

Al llegar el verano,
Marie viaja a Polonia
a reunirse con su padre
y tal vez trabajar
como profesora.
En septiembre de 1894,
Pierre le escribe: *«Me
dolería mucho si usted
no regresara este año»*.
Pero Marie regresa.
El 26 de julio de 1895
se casan en Sceaux,
en las afueras de París.

—¡Increíble! —exclama el público al descubrir la imagen que el profesor Röntgen les muestra. El profesor acaba de fotografiar la mano del sabio Albert von Kölliker, ¿y qué ve la gente? Pues, el esqueleto de esa mano.

Ese año, 1895, en Alemania, el profesor Röntgen
ha descubierto unos rayos extraños
que atraviesan la materia: la madera, el aluminio
y también el cuerpo humano. Los llaman *rayos X*
porque en matemáticas X simboliza lo desconocido.
La radiografía ha nacido.

Poco después, un físico francés, Henri Becquerel, intrigado por los rayos X, descubre a su vez otros rayos invisibles. Estos provienen de un mineral: el uranio. De forma casi mágica, y sin la ayuda de la luz o de la electricidad como con los rayos X, el uranio emite rayos que penetran la materia y duran mucho tiempo.

Pero, ¿de dónde viene esa energía que emite el uranio? Este es precisamente el tema de investigación que escoge Marie para obtener su doctorado, el grado más alto de los estudios de física. Un día de febrero de 1898, pone sobre el mesón de laboratorio una pesada roca negra, la pechblenda, utilizada para colorear el vidrio de amarillo.

Se trata de la roca rica en uranio que Marie va a analizar. Quiere conocer todos los elementos que contiene, además del uranio. Pierre y Marie no tienen un verdadero laboratorio. Trabajan en un taller miserable de la calle Lhomond, detrás del Panteón. La lluvia atraviesa el techo de vidrio, allí uno se congela en invierno y se ahoga en verano. Un químico alemán que fue a visitarlos afirmó: *«Ese laboratorio parecía al mismo tiempo un establo y un almacén de cebollas».*

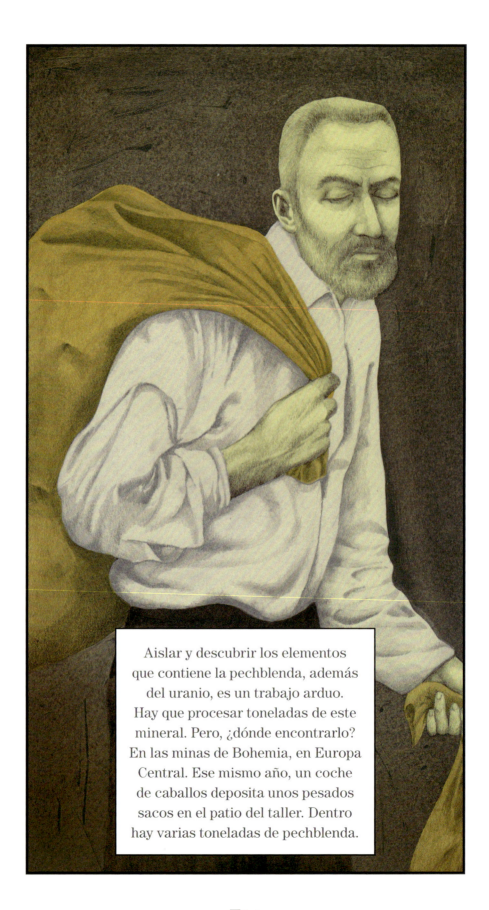

Aislar y descubrir los elementos que contiene la pechblenda, además del uranio, es un trabajo arduo. Hay que procesar toneladas de este mineral. Pero, ¿dónde encontrarlo? En las minas de Bohemia, en Europa Central. Ese mismo año, un coche de caballos deposita unos pesados sacos en el patio del taller. Dentro hay varias toneladas de pechblenda.

No, aquella que transporta decenas de kilos de piedras
y revuelve con su largo palo un caldero burbujeante
lleno de materia negra no es una bruja con cara de hada.
Es Marie Curie, la sabia de salud frágil pero de coraje
y voluntad inmensos, esclavizándose para la ciencia.
En un cobertizo al lado del taller, vestida con un viejo
delantal negro y en medio de una nube de humo amargo,
realiza una serie de procedimientos químicos
para descubrir y aislar los metales desconocidos.

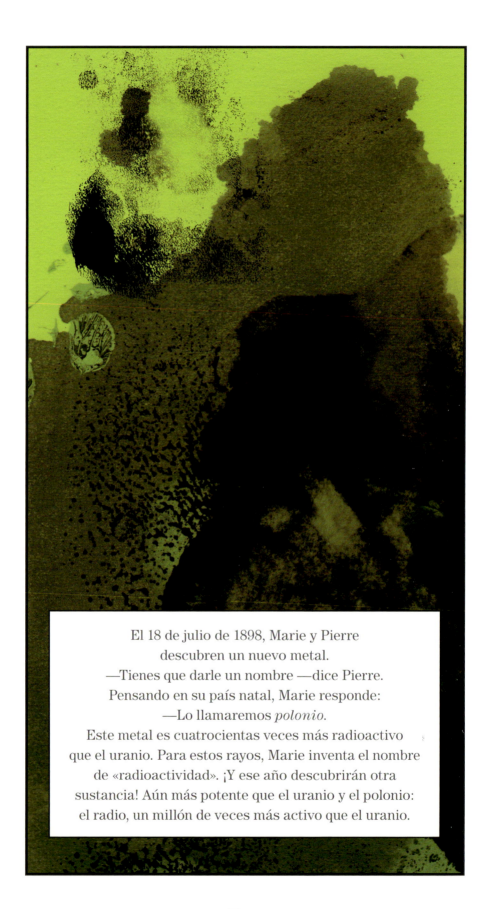

El 18 de julio de 1898, Marie y Pierre
descubren un nuevo metal.
—Tienes que darle un nombre —dice Pierre.
Pensando en su país natal, Marie responde:
—Lo llamaremos *polonio*.
Este metal es cuatrocientas veces más radioactivo
que el uranio. Para estos rayos, Marie inventa el nombre
de «radioactividad». ¡Y ese año descubrirán otra
sustancia! Aún más potente que el uranio y el polonio:
el radio, un millón de veces más activo que el uranio.

Por fin, en 1902, los Curie logran extraer
un único decigramo de radio tras haber procesado
ocho toneladas de pechblenda.

Por la noche Pierre y Marie, después de haber acostado
a su pequeña hija Irène, van al viejo taller que
les sirve de laboratorio. Deslumbrados, contemplan
la sustancia maravillosa depositada
en cápsulas minúsculas, con su bello color azul
que brilla en la oscuridad.

Habían pasado cuatro años sin dinero, sin laboratorio, sin ayuda. Pierre tiene dolores violentos en las piernas. Las manos de Marie están corroídas, quemadas por los ácidos. Ambos se encuentran a menudo enfermos y sufren de grandes fatigas que los médicos no comprenden. Sin embargo, años después, Marie escribirá sobre este período: «*Vivíamos como en un sueño*».

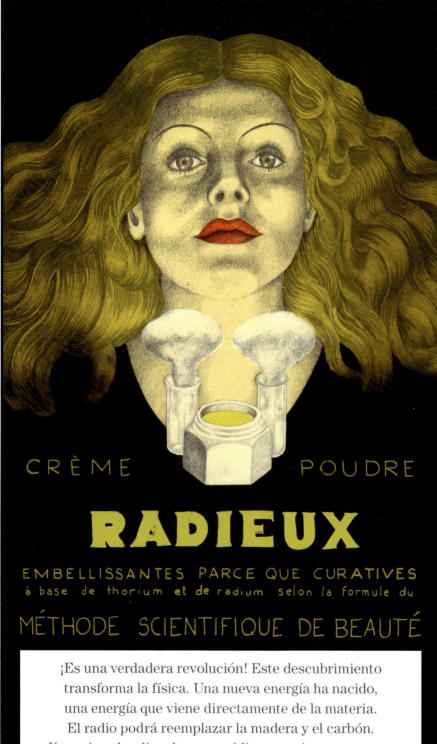

¡Es una verdadera revolución! Este descubrimiento transforma la física. Una nueva energía ha nacido, una energía que viene directamente de la materia. El radio podrá reemplazar la madera y el carbón. Y gracias al radio, algunos médicos comienzan a tratar con éxito los tumores cancerosos. Pero hay que saber extraer el radio y solo los Curie conocen la técnica.

Los encargos comienzan a llegar. Pierre le dice a Marie:
—Podemos considerarnos como los propietarios, como los «inventores» del radio… y garantizar nuestro derecho sobre toda su fabricación.
De hecho, podrían ganar una fortuna; bastaría con registrar una patente. Pero Marie no lo piensa dos veces:
—No. El radio será empleado para curar enfermos y contribuir al progreso.
Los Curie comparten los resultados de sus investigaciones con científicos de todo el mundo.

¡Camino a la gloria!

El 10 de diciembre de 1903, Marie Curie recibe, junto a su marido y Henri Becquerel, el Premio Nobel de Física por sus investigaciones sobre la radioactividad. Marie es la primera mujer en ganar el Premio Nobel.

Junto con la recién adquirida fama, llegan periodistas y fotógrafos de los cuatro rincones del mundo. Asedian a los Curie dentro de su laboratorio, merodean alrededor de la casa, e incluso Didi, el gato blanco y negro de la familia, se hace famoso. Desde Estados Unidos les ofrecen sumas fabulosas para dar conferencias.

Pero tanto Marie como Pierre
detestan la popularidad.
Se sienten acosados, añoran
el tiempo en que nadie los conocía
y podían trabajar tranquilos.
*«Ojalá pudiéramos escondernos
bajo la tierra para tener
un poco de paz»*, le escribe
Marie a su hermano.
A Pierre lo nombran profesor
de física de la Sorbona y,
sin embargo, sigue sin construirse
el verdadero laboratorio
con el que sueña desde hace años.

El 19 de abril de 1906, el cielo de París está sombrío y llueve. En las estrechas y congestionadas calles resuenan los gritos de los cocheros y los chirridos de los tranvías. Repentinamente, un enorme carruaje tirado por dos caballos aparece en la calle Dauphine. Pierre Curie queda atrapado entre un coche y el carruaje. Muere aplastado bajo los cascos de los pesados caballos.

El universo de Marie se derrumba. Abrumada por el dolor, se viste de luto durante varios años. Se queda sola con sus dos hijas pequeñas, Irène y Ève, de solo nueve y dos años. Marie rechaza toda la ayuda que le ofrecen y protesta:
—Aún soy lo suficientemente joven como para ganarme la vida y la de mis hijas.
Le proponen entonces ocupar el puesto de la Sorbona que había sido creado para Pierre Curie.

El 5 de noviembre de 1906, frente a un anfiteatro literalmente repleto, Marie dicta su primera clase. Así, después de haber sido la primera mujer en recibir el Premio Nobel, se convierte en la primera mujer nombrada profesora universitaria en Francia.

· EXCELSIOR ·
Journal Illustré Quotidien

Directeur: Pierre LABOUTAIN
ABONNEMENTS:

Informations · Littérature · Sciences · Arts · Sports · Théâtres · Elégances

38 Champs-Elysées
PARIS

L'Académie des Sciences examine aujourd'hui la candidature de M.me Curie

Conseil de Physique Solvay 1911

Marie Curie et Albert Einstein

M.me Curie

Al mismo tiempo que imparte sus cursos, continúa con sus investigaciones. Brilla en la comunidad científica internacional, donde frecuenta a los más grandes sabios de la época: Einstein, Rutherford, Max Planck…
Llena de confianza, presenta su candidatura a la Academia de Ciencias de Francia. Pero estas puertas permanecen cerradas para ella, por ser mujer y extranjera.

A esta profunda decepción, se añade un escándalo que estalla en el otoño de 1911. La prensa revela la relación que Marie tiene con Paul Langevin, un célebre físico, casado y padre de familia.

Entonces llega la extraordinaria noticia: Marie vuelve a recibir el Premio Nobel, en esta ocasión el de Química, por el descubrimiento del radio y el polonio. Por primera vez una persona es galardonada dos veces.

«Los laboratorios de investigación son los templos del porvenir», escribe Marie Curie cuando por fin nace el proyecto de un verdadero laboratorio. Se trata del Instituto del Radio, que debe agrupar dos laboratorios: uno consagrado a la investigación de física y química y otro dedicado a la medicina.

Durante dos años,
Marie vigila los trabajos
de construcción.
Diseña los planos,
discute con los arquitectos,
exige espacios amplios
y llenos de luz, verdaderas
salas para la investigación.

También quiere que haya un jardín. Ella misma siembra rosales trepadores y escoge los tilos y plátanos que serán plantados incluso antes de que comiencen las obras.
—Cuando abramos el laboratorio, los árboles habrán crecido y los macizos estarán en flor —dice Marie.

1 de agosto de 1914. Como cada verano,
la vida en las ciudades se ha vuelto más lenta
y se acerca el tiempo de la cosecha. Hace mucho calor,
el aire está pesado, no sopla el viento… De pronto
las campanas de las iglesias resuenan. Se escucha un toque
lúgubre y los guardias rurales golpean el tambor.

En los muros de las alcaldías aparecen grandes carteles que anuncian la guerra. En todas partes, los hombres se preparan para partir al frente.
Marie está en París y sus hijas están de vacaciones en Bretaña. Enseguida le escribe a Irène, que aún no tiene diecisiete años: *«Tú y yo buscaremos la forma de ayudar... Estoy decidida a poner todas mis fuerzas al servicio de mi patria adoptiva»*.
¿Cómo ser útil?

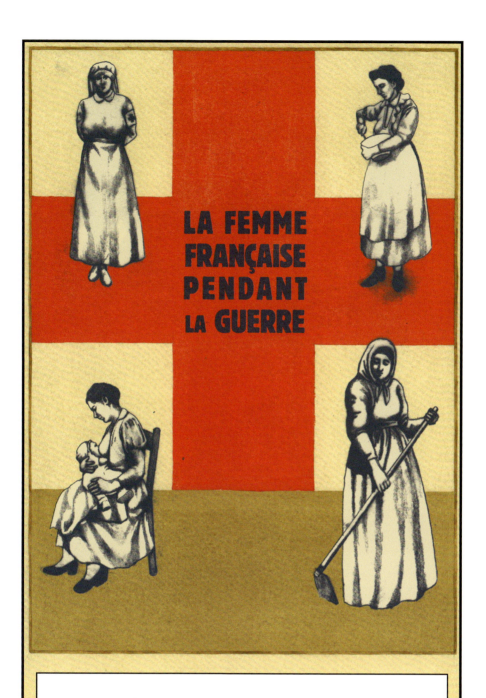

Ya hay miles de muertos y heridos.
Para ayudar en los hospitales, ¿se pondrá Marie
la cofia blanca de las enfermeras, como muchas mujeres
de la alta sociedad? No, Marie es una científica y puede
ser útil de otra manera. Ella piensa entonces en los famosos
rayos X de Röntgen, que permiten explorar el interior
del cuerpo humano, fotografiar los huesos y los órganos.

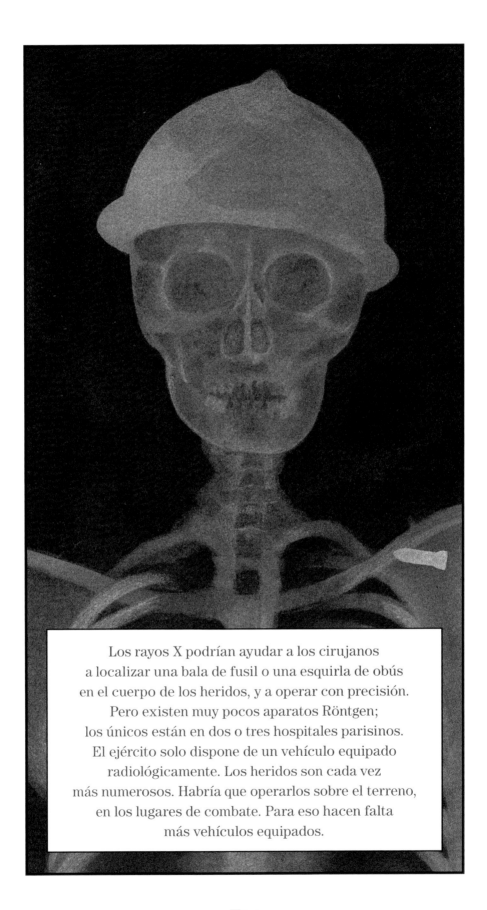

Los rayos X podrían ayudar a los cirujanos
a localizar una bala de fusil o una esquirla de obús
en el cuerpo de los heridos, y a operar con precisión.
Pero existen muy pocos aparatos Röntgen;
los únicos están en dos o tres hospitales parisinos.
El ejército solo dispone de un vehículo equipado
radiológicamente. Los heridos son cada vez
más numerosos. Habría que operarlos sobre el terreno,
en los lugares de combate. Para eso hacen falta
más vehículos equipados.

Gracias a su prestigio y renombre, Marie
se presenta en los ministerios. También hace
una ronda entre las familias ricas,
y algunas princesas le prestan sus lujosos
automóviles, limusinas y descapotables, que Marie
manda a equipar. Ella les asegura:
*«Después de la guerra devolveré su automóvil,
prometido, si es que no regresa inservible».*
Apela también a los fabricantes de coches
de París y sus alrededores.

Frente a los obstáculos, por primera vez Marie se siente feliz de ser un personaje célebre. No duda en hacer uso de su autoridad y popularidad. A quienes le responden «eso va a ser difícil» o «nunca hemos hecho eso», les contesta: «Pues bien, usted lo hará de todas formas».

Es urgente formar más radiólogos.
Marie imparte cursos con la ayuda
de una de sus alumnas, Marthe Klein,
y de su hija Irène. Logra instalar doscientos
puestos radiológicos en hospitales militares
y equipar veinte vehículos
que recorren los campos de batalla.
En homenaje al coraje y a la determinación
de Marie, a esos vehículos radiológicos
los apodan los «pequeños Curie».

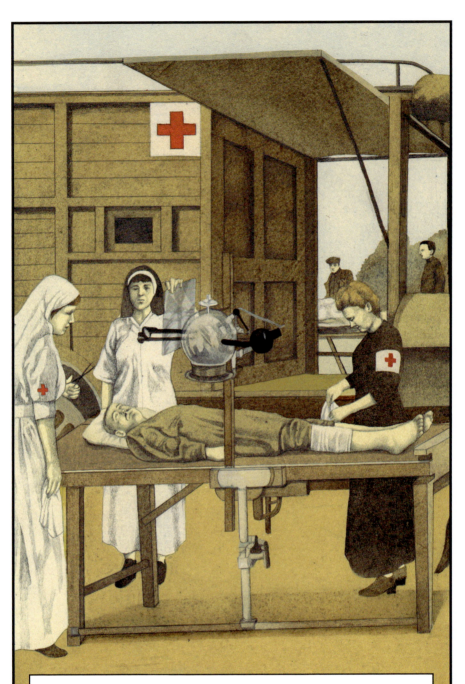

Marie obtiene el permiso de conducir y se pone
al volante de uno de esos «pequeños Curie». Se puede así
ver a esta célebre mujer recorriendo los campos de batalla,
vestida con un viejo abrigo de alpaca negro raído
y adornado con el brazalete de la Cruz Roja,
con un sombrerito de viaje ajado y descolorido y con
un saco de cuero amarillo desgastado como único equipaje.

Se la puede encontrar, bajo un intenso frío,
girando la manivela del motor, cambiando una rueda
o limpiando el carburador. Ella no exige ninguna
comodidad, duerme en cualquier parte y se alimenta poco.
Marie es una verdadera soldado.
Más de un millón de heridos serán examinados y atendidos
en los «pequeños Curie» y en los hospitales.

Llega la paz y Marie regresa a su laboratorio
y a los experimentos que había empezado antes de la guerra.
Una mañana de mayo de 1920, una periodista americana,
la señora Meloney, gran admiradora de Marie,
viene a visitarla y le pregunta:
—Si pudiera pedir un deseo,
¿qué es lo que más querría en este mundo?
Y Marie responde:
—Me haría falta un gramo de radio puro
para poder continuar con mis investigaciones.

El precio de un gramo de radio puro es cien mil dólares. Meloney emprende una gran campaña y reúne la suma necesaria. Un año más tarde, en Washington, el presidente de Estados Unidos coloca alrededor del cuello de Marie Curie una cinta oscura, donde va atada una minúscula llave de oro, y le entrega un cofre de plomo. El precioso gramo de radio reposa en su interior.

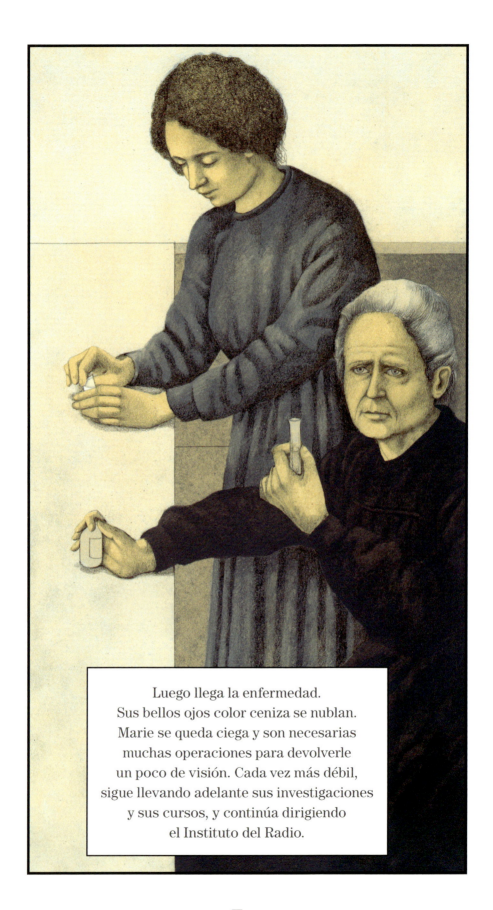

Luego llega la enfermedad.
Sus bellos ojos color ceniza se nublan.
Marie se queda ciega y son necesarias
muchas operaciones para devolverle
un poco de visión. Cada vez más débil,
sigue llevando adelante sus investigaciones
y sus cursos, y continúa dirigiendo
el Instituto del Radio.

El instituto se convierte en una suerte de colmena donde Marie Curie, que siempre quiso enseñar y transmitir conocimientos, acoge a jóvenes investigadores del mundo entero. Ella los llama «los niños del laboratorio».

Una tarde radiante de mayo de 1934, Marie pasea
por el jardín del instituto y admira los colores
de la primavera. Le parece que un rosal está enfermo.
Llama a Georges, el jardinero, y le pide que cuide el rosal.
Sin embargo, una fuerte fiebre la obliga a regresar
a su casa. Antes de partir le dice al jardinero:
—Georges, no olvides el rosal.

Marie muere
el 3 de julio de 1934.

Su mal tiene nombre:
el radio, y se debe
a las radiaciones que
Marie Curie recibió
sin protección durante
treinta y cinco años.

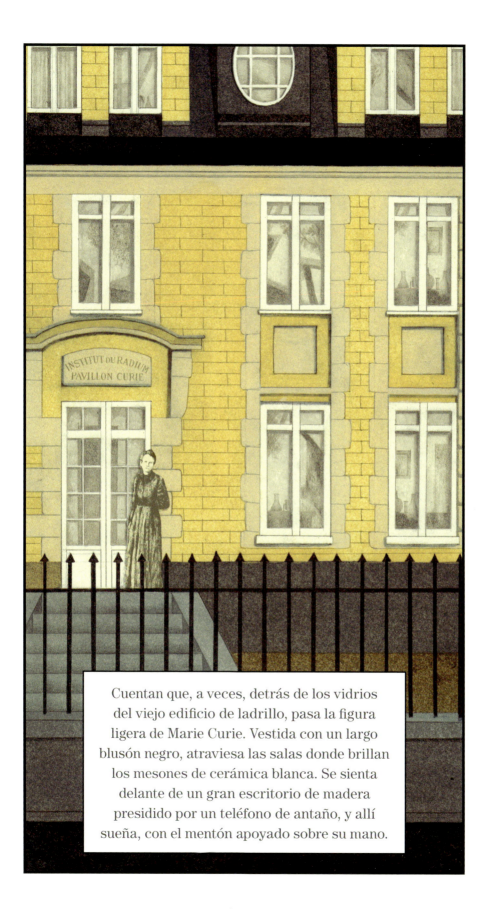

Cuentan que, a veces, detrás de los vidrios del viejo edificio de ladrillo, pasa la figura ligera de Marie Curie. Vestida con un largo blusón negro, atraviesa las salas donde brillan los mesones de cerámica blanca. Se sienta delante de un gran escritorio de madera presidido por un teléfono de antaño, y allí sueña, con el mentón apoyado sobre su mano.

Se la ve también caminar lentamente por los senderos del jardín. Se inclina sobre un rosal en flor, respira su perfume y recuerda aquel día lejano de mayo en que le había pedido al jardinero que lo cuidara.

Pero es delante de un cofre de madera y plomo donde se detiene por más tiempo. Una llama danza en el fondo de sus ojos color ceniza.

Más precioso que el más puro y raro de los diamantes es aquel gramo de radio traído de América que descansa en el cofre.

Notas a las ilustraciones

Portadilla. Representación de los manuscritos de Marie y Pierre Curie, hoy custodiados con medidas especiales porque todavía son radioactivos.

Pág. 7. Esta ilustración, caracterizada por un cierto hieratismo y estatismo, nace del deseo de evocar visualmente un tema tradicional de la iconografía cristiana: la Virgen y el Niño. Específicamente, una imagen propia de la tradición medieval bizantina: la Virgen Negra de Częstochowa. Como cuenta Susan Quinn (*Marie Curie. Una vita*, Bollati Boringhieri, 2013, pág. 17), en la Polonia del siglo XIX el nombre de María estaba estrechamente ligado a la causa nacional. De hecho, se decía que la Virgen Negra de Częstochowa había ayudado a Polonia en 1655, ahuyentando a los invasores suecos. La misma Maria Salomea Skłodowska, a quien conocemos como Marie Curie, debe su nombre al ardor patriótico de sus padres: para ellos no era un nombre de la Virgen sin más, como observaba su padre, Władysław, era el de la «patrona […] de nuestra tierra».

Pág. 8. La ilustración representa el instituto masculino de la vía Nowolipki de Varsovia donde el profesor Skłodowski daba sus clases. En aquellos años, en las escuelas de la parte de Polonia dominada por los rusos había pocos buenos maestros, que continuamente eran sustituidos por nuevos equipos, escogidos con criterios políticos, más que por sus aptitudes didácticas. En 1873 Władysław Skłodowski, contrario a la «rusificación» orientada a eliminar cualquier rastro de la identidad polaca, perdió el puesto de subdirector del Instituto Nowolipki. La imagen que me inspiró en la representación del edificio proviene de un fotograma del film polaco de 1934 *Young Forest* (título original: *Mlody las*), un drama histórico dirigido por Józef Lejtes, ganador de la mención de honor del Festival de Cine Soviético de Moscú en 1935. El edificio que había albergado el Instituto Nowolipki fue bombardeado en 1939.

Pág. 13. El electroscopio de hojas es un instrumento que permite establecer si un cuerpo está cargado eléctricamente. Si se toca el disco superior con un objeto electrizado, parte de esta carga se propaga por el conductor, las láminas se repelen y se abren; si, al contrario, el conductor no está cargado, la gravedad hace que las dos láminas se alineen verticalmente. El fenómeno se basa en una de las propiedades fundamentales de la electrostática: dos cuerpos con carga eléctrica del mismo signo se repelen.

Pág. 16. La imagen, desligada de la narración cronológicamente, muestra a Maria cuando era niña. Maria era la estudiante más joven y menuda, pero también una de las que mejor hablaba en ruso: por eso era frecuente que la interrogaran sobre temas de la historia rusa o le hicieran recitar alguna poesía durante las temidas visitas de los inspectores rusos. Este episodio se describe con detalle en el libro *Vita della signora Curie* (Ève Curie, Mondadori, 1938), y da testimonio del profundo sentimiento de inquietud de Maria durante los años de la escuela.

Pág. 24. Homenaje a *I paesaggi* (1963-1970), de Mario Giacomelli.

Pág. 31. Hacia 1890, en la Sorbona había alrededor de 9.000 estudiantes matriculados y solo poco más de 200 eran mujeres. En la Facultad de Ciencias había 1.825, de los cuales solo 23 eran chicas. Entre ellas estaba Marie. Además, en las universidades, los estudiantes extranjeros como Marie se consideraban de otra categoría, y debían obedecer reglas de conducta diferentes.

Pág. 51. En el año de su descubrimiento, se hacía propaganda del radio como si fuera el remedio a cualquier enfermedad. Radio en los dentífricos, en las cremas, radio para curar el cáncer, para el lupus y para cualquier problema. De hecho, todavía no se conocían los efectos mutagénicos que podía causar una exposición continuada a las radiaciones, si bien Pierre ya había intuido el peligroso potencial tóxico del elemento, tanto así que habló de ello en el discurso de entrega del Nobel. El descubrimiento fue rápidamente aprovechado en las estrategias publicitarias de muchas industrias. La marca de cosmética Tho Radia, por ejemplo, lanzó una crema «a base de torio y radio», presentada como fórmula de un tal doctor Alfred Curie, homónimo pero desconocido entre los científicos. Mi imagen es una representación de aquel cartel. Añadí dos probetas que contienen agua helada, que se evapora creando una especie de hongo atómico, porque en aquellos años Pierre publicó un artículo que revelaba un descubrimiento del todo sorprendente: un solo gramo de radio bastaba para llevar a ebullición un gramo de agua helada en una hora. Un historiador de la ciencia vio en este descubrimiento «la primera aparición, en la trayectoria humana, de la energía atómica bajo el concepto familiar de calor» (Susan Quinn, pág. 225).

Pág. 53. En 1903, los miembros de las Academias de las Ciencias propusieron la candidatura de Pierre Curie al Nobel, ignorando por completo la contribución científica de Marie en el descubrimiento de la radioactividad. Sin embargo, fue imposible no reconocer el peso de su aportación. Pierre respondió así a la carta que anunciaba su candidatura: «Si verdaderamente alguien está pensando en mí [para el premio], deseo que mi nombre esté asociado al de Madame Curie en lo referente a nuestra investigación sobre los cuerpos radioactivos». Durante la ceremonia, únicamente Pierre pronunció el discurso, mencionando una y otra vez a Marie. Por este motivo la he representado sentada.

Pág. 58. Imagen inspirada en la obra de Winslow Homer, *Blackboard* (1877).

Pág. 60. Paul Langevin era un científico apasionado y brillante que vivía con su esposa Jeanne Langevin una relación conyugal tumultuosa, llena de chantajes y peleas incendiarias. La figura colérica y chillona que representé abajo, a la derecha, está inspirada en un detalle de la obra de Agnolo Bronzino, *Alegoría del triunfo de Venus*, (c. 1540-1545), óleo sobre tabla hoy conservado en la National Gallery de Londres. En la pintura de Bronzino se puede observar, a la izquierda, la misma figura que grita llevándose las manos a la cabeza. Se supone que esa mujer podría ser la personificación de los celos y la desesperación.

Pág. 68. En contraste con todo lo que he representado en el cartel, que parece invitar a las mujeres a colaborar durante la guerra llevando a cabo únicamente aquellas tareas consideradas tradicionalmente femeninas, cabe decir que el conflicto mundial obligó a muchas mujeres, incluso de la clase media francesa, a asumir tareas inusuales para sustituir a los hombres llamados al frente; trabajando en las fábricas de armamento, conduciendo tranvías, cargando carbón y llevando adelante los trabajos del campo.

Pág. 72. Intenté trasladar a imágenes un momento que caracteriza la enorme aportación que ofreció Marie a Francia durante la Primera Guerra Mundial. Más allá de ocuparse de la instalación de aparatos radiográficos, Marie desarrolló cursos de principios técnicos de radiología, la llamada escuela para *manipulatrices*. Mujeres de diversas procedencias sociales participaron en intensas semanas de adiestramiento hasta adquirir habilidades para operar y mantener en funcionamiento los instrumentos radiológicos.
Su hija Irène, que tenía solo dieciocho años, trabajó siempre junto a su madre, y también ella llegó a ser profesora en esta escuela.

Pág. 78. En las imágenes, junto a Marie, está representada Irène Joliot-Curie. Hija de Pierre y Marie y hermana de Ève, Irène prosiguió las investigaciones de sus padres y ganó en 1935, junto a su marido Frédéric Joliot, el Premio Nobel de Química.

Pág. 81. La muerte de Marie fue atribuida a una anemia perniciosa aplástica de curso rápido y febril. La médula ósea no reaccionó, probablemente a causa de las alteraciones que había provocado la larga exposición a las radiaciones. En la imagen, traté de representar los efectos de las radiaciones en las células de su cuerpo.

Esta es solo una parte de las observaciones ligadas a las imágenes. Es realmente difícil indicar por completo la cantidad de material visto durante estos meses, sin el cual habría sido muy complicado acercarse a la vida de la científica. De modo particular, fue indispensable la cuidada biografía escrita por Susan Quinn, *Marie Curie. Una vita* (Bollati Boringhieri, 2013). También fue de gran ayuda la biografía que Ève Curie escribió a solo cuatro años de la muerte de su madre, *Vita della signora Curie* (Mondadori, 1938) y la autobiografía de la propia científica, *Autobiografia* (Castelvecchi, 2017). Para ahondar en cuestiones más específicas a nivel histórico, cultural y científico fue también esencial el material disponible en línea, en particular la cantidad de datos gentilmente cedidos para su uso en la web del Musée Curie. Finalmente, para recrear los lugares y las atmósferas de la densísima vida de la científica, me ayudó un gran número de películas y documentales dedicados a ella más o menos recientes.

Claudia Palmarucci

TRADUCCIÓN DEL MANUSCRITO ORIGINAL EN FRANCÉS:
MARÍA CAROLINA CONCHA Y ELENA IRIBARREN

TRADUCCIÓN DE LAS NOTAS EN ITALIANO: MERCEDES PALOMAR

CORRECCIÓN: LETICIA OYOLA ESTRELLA

PRIMERA EDICIÓN, 2020

© 2019 ORECCHIO ACERBO S.R.L., ROMA
© 2020 EDICIONES EKARÉ

TODOS LOS DERECHOS RESERVADOS

AV. LUIS ROCHE, EDIF. BANCO DEL LIBRO, ALTAMIRA SUR, CARACAS 1060, VENEZUELA
C/ SANT AGUSTÍ, 6, BAJOS, 08012 BARCELONA, ESPAÑA

WWW.EKARE.COM

TÍTULO ORIGINAL: *MARIE CURIE. NEL PAESE DELLA SCIENZA*
DISEÑO: ORECCHIO ACERBO
PUBLICADO ORIGINALMENTE EN ITALIANO POR ORECCHIO ACERBO, ROMA
PUBLICADO BAJO ACUERDO CON ANNA SPADOLINI AGENCY, MILANO

ISBN 978-84-121636-6-7 · DEPÓSITO LEGAL B.14837.2020

IMPRESO EN BARCELONA POR ÍNDICE ARTS GRÀFIQUES

Este producto procede de bosques gestionados de forma sostenible y fuentes controladas

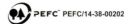